¡Cuánto me quiere!

Estoy tranquilo.

¡Estoy muy ILUSIONADO!

Estoy triste.

Usborne
El abecé de las emociones

Me siento feliz.

Estamos muy unidas.

Nos estamos divirtiendo.

No sé muy bien cómo estoy.

Estoy enfadada.

Sumario

Usborne

El abecé de las emociones

Felicity Brooks y Frankie Allen

Ilustraciones: Mar Ferrero

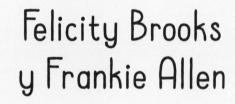

Traducción: Gemma Alonso de la Sierra

Con nuestro agradecimiento a Holly Docherty
BEd Primary y SENCo

Estoy muy orgullosa de cómo han quedado las ilustraciones.

Me ha encantado escribir este libro.

Me ha hecho mucha ilusión colaborar en este libro.

Somos seres emocionales

¿Cómo te encuentras? ¿Estás contento o algo tristón? ¿Tienes hambre? ¿Sueño? Todos sentimos emociones y estados físicos como el cansancio o la tristeza, aunque la forma en que los expresamos cambia con la edad.

Los recién nacidos no hablan ni sonríen. Solo se expresan llorando (o no llorando), por lo que a menudo cuesta bastante saber qué les pasa.

¡BUAAAAAAA!

¿Tendrá hambre?

¿Estará cansada?

Creo que quiere mimos.

¡Es mía!

¡Nooo! ¡Es mía!

¡Ay, ay, ay!

¡NO QUERO APATOS!

Los preescolares expresan sus emociones sin dificultad, aunque no entienden qué les pasa. Tampoco saben que los demás también tienen sentimientos.

4

A partir de los cinco años, más o menos, además de expresar sus propias emociones, los niños aprenden a reconocer las emociones de los demás en la expresión de la cara.

¿Qué crees que sienten estos niños? ¿Sabrías asignar una emoción a cada cara?

enfado   ilusión   nervios   calma   felicidad

tristeza   orgullo   malhumor   preocupación

¿Recuerdas haber sentido estas emociones alguna vez?

Cuerpos sabios

El cuerpo nos informa de cómo nos encontramos con mensajes diversos. Los mensajes pueden referirse a nuestro estado físico...

¡No paro de bostezar!

Clara está CANSADA.

¡Qué dolor de cabeza!

Y tengo un sarpullido.

Isaac está ENFERMO.

Me rugen las tripas.

A mí también.

Ana tiene HAMBRE.

Sudo y estoy muy colorada.

Marta tiene CALOR.

Tengo la boca seca.

Omar tiene SED.

No paro de temblar.

¡Brrrr!

Álex tiene FRÍO.

Ayuda a estos niños diciéndoles lo que deben hacer para encontrarse mejor. Asigna uno de estos bocadillos a cada uno.

Come algo.

Quítate el jersey.

Échate una siesta.

Bebe agua.

Avisa a un adulto por si necesitas medicina o ir al médico.

Ponte ropa de abrigo.

El cuerpo también nos envía mensajes sobre nuestro estado de ánimo, que se expresa en forma de emociones:

¡Ja, ja, ja!

Alicia tiene los ojos cerrados y se ríe. ¿Cómo está?

Adrián frunce el ceño y cruza los brazos.

¡GRRR!

Doña Carmen grita con la cara colorada y da zapatazos.

¡Snif!

Pedro está muy callado y se ha puesto a llorar.

Jaime desvía la mirada y quiere salir corriendo y esconderse.

María no se puede estar quieta. Respira muy rápido y sonríe.

La próxima vez que salgas a la calle, fíjate en las caras de la gente y piensa en cómo puede que se sientan en ese momento.

¿Cómo te encuentras?

A veces nos cuesta contestar a esta pregunta porque no sabemos expresar qué nos pasa exactamente. Las metáforas (cosas que se parecen de un modo figurado) nos lo pueden poner más fácil. Vamos a probar con los colores...

"Siento que dentro tengo un

VOLCÁN ROJO

a punto de

ESTALLAR".

ZZZZ ZZZZ

"Siento un zumbido, como si un enjambre de avispas me rodeara la cabeza".

Quiero PATEAR el suelo como un dinosaurio,

¡AAAAH!

GRITAR como un oso

¡Grrrrrrr!

y RUGIR como un tigre.

Cuando me ENFADO, me pongo ROJO.

"¡Me siento como si me tirase por un tobogán de arcoíris!".

¡Yupiiiii!

"Me siento como si corriese por un campo de flores".

¡Ven que te dé un abrazo, hermanita!

¡Ja, ja, ja!

Quiero JUGAR,   SALTAR   ¡y ABRAZAR a todo el mundo!

Cuando estoy FELIZ, mi color es el AMARILLO.

"Me siento como si llevara encima un

NUBARRÓN DE PLOMO".

"Me siento como si estuviera solo en medio de un lago frío y desolado".

No quiero ver a nadie.

Quiero estar SOLO,

¡Buaaa!

LLORAR

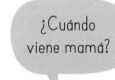

¿Cuándo viene mamá?

y ACURRUCARME en el suelo.

Si estoy TRISTE, mi color es el AZUL.

"Me siento como un gato que se estira y ronronea frente a la chimenea".

Rrrrrrrrrrrun, rrrrrrrrrrrrun

"Parece que la manta me está *abrazando*".

¡Lalaralarito!

¿Tú los sabes mover también?

Quiero CANTURREAR,   E-S-T-I-R-A-R-M-E   y MOVER los dedos de los pies.

Cuando todo es CALMA, mi color es el VERDE.

¿Por qué te sientes así?

Los mensajes que nos envía el cuerpo sobre nuestro estado de ánimo suelen responder a una causa. En esta clase todos hablan sobre cómo se sienten y por qué creen que se sienten así.

Estoy un poco **disgustado** porque se me ha perdido el estuche.

Estoy **contenta** y **relajada** porque me encanta dibujar.

Estoy **triste** porque mi abuelito está malo.

Estoy **enfadada** porque su dibujo es más bonito que el mío.

Soy nueva y me da **vergüenza** hablar porque no conozco a nadie.

Estoy muy **ilusionado** porque esta tarde celebro mi cumpleaños.

¿Te has parado a pensar cómo te encuentras ahora mismo?
¿Sabrías decir cómo te sientes y explicar por qué te sientes así?

¿Qué sentirías si...?

Elige entre las emociones de las nubes para describir cómo te sentirías en las siguientes situaciones:

Puedes elegir más de una emoción.

preocupación tristeza
decepción soledad
disgusto aburrimiento

orgullo alegría
felicidad
ilusión valor

Estás en la fila para tirarte por primera vez en tu vida por un tobogán acuático enorme. ¿Qué sentirías?

A la salida del colegio, ya han recogido a todos los niños, pero todavía no han venido a buscarte. ¿Qué sentirías?

Estás en la cama con tu peluche y te están leyendo un cuento que te encanta. ¿Qué sentirías?

Quieres seguir jugando, pero tu madre te dice que ya es hora de acostarse. ¿Qué sentirías?

ternura   calma

paz   amabilidad

nervios   enfado

malhumor   frustración

miedo   furia

La profesora te acaba de decir que vas a tener el papel que querías en la obra de teatro. ¿Qué sentirías?

Estás jugando con tu amiga y su perro viene corriendo y mueve todas las fichas. ¿Qué sentirías?

Te has enterado de que han llevado a la abuela al hospital y papá parece muy preocupado. ¿Qué sentirías?

La profesora acaba de leer un cuento que has escrito y ha dicho que le ha encantado. ¿Qué sentirías?

Emociones que van y vienen

Nuestro estado de ánimo suele variar a lo largo del día, así que, aunque no te guste lo que sientas en un momento dado, es posible que no vaya a durar mucho. Fíjate en el día de Laura. ¿Cómo crees que se siente en cada momento?

¿Recuerdas lo que has hecho hoy? ¿Cómo te has sentido?

Sentimientos encontrados

Las emociones no siempre vienen solas. No es raro sentir varias
a la vez, que incluso pueden ser contradictorias. Nos pasa a todos.

Cuando la maestra te da un diploma,
puede que sientas tanto ORGULLO
como VERGÜENZA.

Puede que te ALEGRE ver las fotos
del viaje de tu amiga y que a la vez
te dé PENA no haber ido tú también.

En la primera clase de natación, puede
que estés ILUSIONADO por aprender
y PREOCUPADO por ser nuevo.

Cuando tu amiga se porta mal, puedes
ENFADARTE y a la vez acordarte de
que muchas veces lo pasáis BIEN.

Si se te muere una mascota, puede que estés TRISTE, pero también ENFADADO porque no querías que se muriese.

Después de una carrera, posiblemente estarás CANSADA, pero también CONTENTA de haberla terminado.

A veces, nuestro estado físico se mezcla con nuestro estado de ánimo. No es fácil saber qué te pasa en esos momentos.

¿Cuándo comiste por última vez?

¡NO tengo sueño!

Me duele la barriga.

Puedes ENFADARTE, cuando en realidad tienes HAMBRE.

Puedes ponerte de muy MAL HUMOR, cuando en realidad estás CANSADO.

Puedes sentirte TRISTE, cuando en realidad estás ENFERMA.

Si no sabes por qué te sientes así, no pasa nada. A veces sentimos emociones sin motivos aparentes.

Vamos a hablar de emociones

No siempre vas a saber qué le pasa a otra persona por cómo se muestra, y tampoco los demás van a saber cómo te sientes tú. Por eso viene tan bien acostumbrarse a HABLAR SOBRE LAS EMOCIONES.

Hablar ayuda a veces a entender qué sientes exactamente.

Los amigos pueden ayudarte cuando les cuentas qué te pasa.

Las amistades se estrechan cuando **compartes** lo que sientes.

Si NO LE CUENTAS a nadie que estás triste o enfadado, esas emociones contenidas se irán acumulando y puede que EXPLOTEN en el momento más inesperado, causando daño a otras personas o a ti mismo.

Lo bueno es que no tienes que contener esas emociones y tampoco tienes que EXPLOTAR y causar daño a alguien o romper nada. Respira hondo y pasa la página para ver qué puedes hacer.

Haz una pausa y luego...

Muchas veces, cuando estamos muy enfadados, nos dan ganas de gritar, chillar o incluso pegar, pero existen otras alternativas...

1. Antes que nada, cierra los ojos y respira hondo.

2. Luego suelta el aire muy despacio, mientras cuentas hasta diez.

Luego, para expresar lo que sientes, puedes...

dar cacharrazos.

abrazarte.

buscar un sitio tranquilo.

correr rápido en el sitio.

bailar con la música a tope.

patear el suelo y cantar a viva voz.

Y si sigues encontrándote a disgusto, puedes...

estrujar y amasar
un trozo de arcilla
o plastilina.

hacer un dibujo de lo
que sientes, estrujarlo
y tíralo a la basura.

Y me enfadé
mucho porque
me empujó a posta.

Claro, entiendo
que te enfadaras,
cariño.

Y también puedes...

HABLAR CON ALGUIEN
y contarle lo que te ocurre.

Si no te gusta cómo te
sientes, hablarlo con alguien
a menudo es suficiente para
encontrarte mucho mejor.

23

¿Te preocupa algo?

Cuando algo te preocupa, hay cosas que puedes hacer para sentirte mejor...

No pasa nada. No pasa nada. No pasa...

Repite "No pasa nada" hasta que estés más calmado.

Imagínate que eres un gato y échate una siesta. Te levantarás más relajada.

¡Ja, ja!

Ve una serie o una película que te guste.

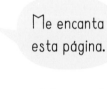

Me encanta esta página.

Mira o lee uno de tus libros preferidos.

Abraza tu peluche favorito y piensa en un sitio que te guste.

Imagina que bajas por un río flotando en una barca y dejas atrás todas las preocupaciones.

Cuéntaselo a alguien...

También ayuda escribir y dibujar lo que sientes. Si te parece buena idea, lleva un diario para seguir tus estados de ánimo. Añade dibujos o emoticonos.

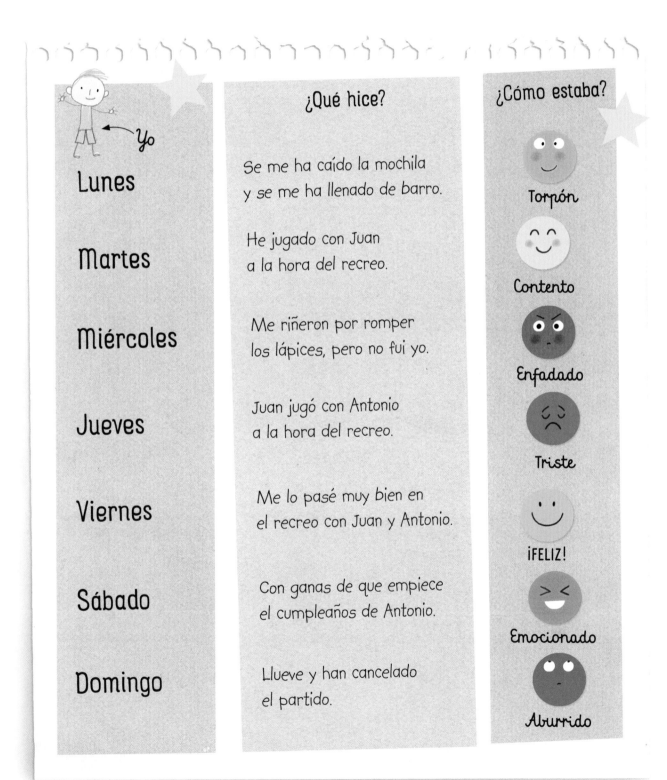

Yo

	¿Qué hice?	¿Cómo estaba?
Lunes	Se me ha caído la mochila y se me ha llenado de barro.	Torpón
Martes	He jugado con Juan a la hora del recreo.	Contento
Miércoles	Me riñeron por romper los lápices, pero no fui yo.	Enfadado
Jueves	Juan jugó con Antonio a la hora del recreo.	Triste
Viernes	Me lo pasé muy bien en el recreo con Juan y Antonio.	¡FELIZ!
Sábado	Con ganas de que empiece el cumpleaños de Antonio.	Emocionado
Domingo	Llueve y han cancelado el partido.	Aburrido

Siempre hay alternativas

No podemos evitar sentir lo que sentimos. Las emociones nos llegan y no pasa nada por expresarlas. Si sientes algo que no te gusta, siempre existen distintas maneras de expresarlo. TÚ ELIGES.

¿Cuáles crees que son buenas formas de expresar estos sentimientos?

Estás triste porque tu amiga se va a otro colegio. ¿Qué haces?

Haces que alguien se ponga triste también.

Te enfadas y lloras.

Le dices a tu amiga que la vas a echar de menos.

Le pides su nueva dirección.

Le cuentas a alguien cómo te sientes.

Estás enfadada porque tu amiga tiene un hámster nuevo y a ti no te dejan tener animales. ¿Qué haces?

¿Le gustan las zanahorias?

Tienes una rabieta.

Te lees un libro sobre hámsteres.

Le pides a tu amiga que te deje cuidarlo de vez en cuando.

Le dices a tu amiga que no te gustan los animales.

Le cuentas a alguien cómo te sientes.

Estás decepcionado porque
tu amigo está malo y no puede
quedarse a dormir. ¿Qué haces?

Haces
un dibujo para
mandárselo.

Preguntas
si puede quedarse
otro día.

Berreas
y das patadas
a la cama.

Le dices a tu amigo
que no quieres
volver a verlo.

Le cuentas a alguien cómo te sientes.

Te da miedo dormir con la habitación
a oscuras. ¿Qué haces?

No pasa nada, cariño.
Es normal que te dé
miedo la oscuridad.

¡MAMÁ!
¡Tengo miedo!

¿Ponemos la luz
pequeña?

Pides que dejen
encendida la luz
pequeña.

Lloras
hasta que
te duermes.

Te abrazas
a un peluche y dices
"no pasa nada".

Te niegas
a irte a
la cama.

Le cuentas a alguien cómo te sientes.

¿Te has fijado en que en todas
las situaciones hay una opción
que es la misma siempre?

SIEMPRE es buena idea contarle cómo te sientes a alguien de confianza.
Puede ser uno de tus padres, un profesor, tu abuela o un amigo.

Ayudar sienta bien

Cuando prestamos atención a cómo se encuentra la gente que nos rodea y nos esforzamos por ayudar, solemos sentirnos bien. Prueba a ponerte en el lugar de la otra persona y piensa en cómo te gustaría que te trataran.

¿Quieres montarte primero?

¡Gracias!

No importa. Yo te ayudo a recogerlos.

Muchas gracias.

¡Ay!

¡Uf! Eso tiene que doler. Voy a llamar a tu padre.

Siéntate, abuelo.

¡Gracias!

El cine se pone oscuro cuando empieza la película.

Siéntate a mi lado.

¿Recuerdas momentos en los que has ayudado a alguien y le has hecho sentirse mejor?

Cuídate mucho

Sabemos de sobra cómo nos hace sentir que alguien nos trate mal, pero también es cierto que a veces somos nosotros mismos los que nos hacemos daño. La próxima vez que te digas algo negativo, procura ser más amable y compasivo contigo mismo. Fíjate en estos ejemplos...

Todos nos quedamos a veces atascados con una emoción difícil o acabamos explotando después de haberla contenido, pero conviene que recuerdes que todo pasa, incluso los malos ratos. Pide ayuda siempre que lo necesites. Cuanto más hables de cómo te sientes, más fácil te resultará.

Notas para mayores

La capacidad para plantear y responder a la pregunta "¿cómo te encuentras?" marca un hito importante en el desarrollo del niño y es crucial para su aprendizaje, sus relaciones sociales y su salud mental. Los niños que no aprenden a procesar y gestionar sus emociones sufren un estancamiento emocional y tienen más dificultades a la hora de enfrentarse a los problemas cotidianos.

Este libro pretende ayudar a los niños a reconocer, comprender y nombrar emociones diversas, así como a aprender a hablar sobre las mismas y a gestionarlas de un modo positivo. Conviene tener en cuenta lo siguiente:

• Aprender a manejar las emociones requiere tiempo y práctica.

• Primero es preciso aprender a reconocer y nombrar la emoción.

• Es importante comprender y expresar la causa de la emoción.

• Hablar sobre emociones cotidianas con normalidad hace que sea más fácil tratarlas en momentos de dificultad.

• Los niños no pueden evitar sentirse como se sienten. Sus emociones son muy importantes y auténticas para ellos. No se deben ignorar ni negar, ni se debe cambiar de tema.

• Los niños necesitan tiempo para recuperarse de una explosión (unos más que otros). Normalmente tienen sed, de modo que ofrecer un vaso de agua puede ser de ayuda.

• Suele ser mejor hablar sobre emociones difíciles cuando ya han pasado y todo el mundo está más tranquilo.

• El empleo de colores para describir emociones puede ser útil para niños que prefieren una comunicación menos verbal. El niño puede servirse de tarjetas de colores para indicar qué le pasa.

• Los niños aprenden de formas muy diversas y a edades diferentes, por lo que se deben evitar las comparaciones. La misma situación puede provocar respuestas emocionales muy distintas en dos personas diferentes.

En casa podemos...

• Emplear un lenguaje emocional en conversaciones cotidianas: "¡Qué pena que Álex no pueda venir a jugar!".

• Aprender a reconocer qué situaciones provocan reacciones emocionales difíciles en nuestros hijos para ayudarlos a darse cuenta y actuar: "Ven un rato aquí al sofá"; "Tráete el peluche".

• Animar a los niños a que cuenten cómo se sienten: "Estoy muy triste porque se ha muerto Titín. ¿Tú cómo estás?".

• Reconocer y validar los sentimientos del niño: "Veo que estás enfadado. Yo también lo estaría si me hubiera pasado eso".

• Recordar a los niños con frecuencia que pueden detenerse un momento para decidir cómo van a expresar lo que sienten.

• Ayudarlos a aprender técnicas de relajación, como respirar hondo, contar hasta diez, etc. (ver las páginas 22-25).

• Ayudar a los niños algo más mayores a que dejen de decirse cosas negativas (ver las páginas 30-31).

• Leer cuentos que traten sobre emociones muy diversas. Al comentar las emociones difíciles que salen en un cuento podemos fomentar la empatía (capacidad para imaginar cómo se sienten otras personas).

• Tener a mano cosas para prevenir las explosiones emocionales o recuperarse de las mismas: almohadas para arrojar, cacharros para golpear, un tubo de pompas de jabón para que, al lanzarlas, se consiga una respiración más calmada, etc.

Quicklinks de Usborne

Si busca más consejos sobre cómo fomentar la inteligencia emocional en los más pequeños, así como actividades y vídeos que pueda enseñarles, visite www.usborne.com/quicklinks/es, el sitio web de Usborne, y seleccione este libro. Recomendamos que se supervise a los niños mientras navegan por Internet.